Ce livre
Appartient à

____

et

____

1. Défi Cuisine [ ]
2. Dégustation maison [ ]
3. L'art, quelle passion ! [ ]
4. New Looks [ ]
5. Cocktails [ ]
6. Personnalisez l'appartement [ ]
7. Le cadeau du mardi [ ]
8. Maquillage... et plus [ ]
9. Match à la télé avec surprise [ ]
10. Jardinage pour deux [ ]
11. Nouvelles activités sportives [ ]
12. Pas de danse ! [ ]
13. Lunapark [ ]
14. Balade romantique [ ]
15. Bénévolat [ ]
16. Visite de la ville [ ]
17. Pique-nique nocturne en plein air [ ]
18. Incognito Lovers [ ]
19. Un (deuxième) premier rendez-vous [ ]

20. Allez au bowling [ ]
21. Dégustation de vin [ ]
22. Drive-in pour deux [ ]
23. Balade à la campagne [ ]
24. Nouveau look avec votre douce moitié [ ]
25. Passion Tattoo [ ]
26. Découvrir de nouvelles danses [ ]
27. Détente au SPA [ ]
28. En bateau [ ]
29. Romance sous la pluie [ ]
30. En hôtel de luxe [ ]
31. Soirée entre amis [ ]
32. Pêche à deux [ ]
33. Champ de tir [ ]
34. Musées et art à n'en plus finir [ ]
35. Tandem pour découvrir la ville [ ]
36. Jeu ou concert ? [ ]
37. Patinage sur glace [ ]
38. Go-Kart Race [ ]

39. Jeux d'argent (mais avec modération) [ ]
40. Au casino [ ]
41. Aujourd'hui je décide pour toi [ ]
42. Le choix vous appartient [ ]
43. Week-end romantique insolite [ ]
44. Shopping (luxe), quelle passion [ ]
45. Actes de Merveilleuse Générosité [ ]
46. Conduite [ ]
47. Transformez votre look [ ]
48. À la recherche d'ennuis... [ ]
49. Un anniversaire inoubliable [ ]
50. À mon avis... [ ]
51. Wish Box [ ]
52. Jeux de société chauds [ ]
53. Aujourd'hui je me transforme en... [ ]
54. Un jeu de miroirs [ ]
55. Un oubli agréable [ ]
56. REC sous les couvertures [ ]
57. Préliminaires torrides [ ]

58. Sextoys modernes [ ]
59. Essayez le soft bondage [ ]
60. Messages sans fin [ ]
61. Hot looks [ ]
62. Le triangle [ ]
63. Adrénaline amoureuse [ ]
64. Prenez votre temps... [ ]
65. La pantoufle de Cendrillon ! [ ]
66. Intimité sous-marine ! [ ]
67. Caresses chaudes [ ]
68. Danseur d'un jour [ ]
69. Toucher devant sa douce moitié [ ]
70. Cinéma (à domicile) pour adultes [ ]
71. Twister avec fin surprise [ ]
72. Massages pour Elle ou Lui [ ]
73. Action ou vérité en version épicée [ ]
74. Le Kamasutra classique [ ]
75. Un peu de douceur... [ ]
76. Une nouvelle position ? [ ]

77. Augmenter son plaisir [ ]
78. Strip-tease avec grand finale [ ]
79. Hot Dreams [ ]
80. Yoga pour adultes [ ]
81. Cher ami, je t'écris une lettre... [ ]
82. La peinture corporelle, quelle passion [ ]
83. Un bandeau pour tout rendre plus chaud [ ]
84. Jeu de la bouteille super épicé [ ]
85. Massage ultra-doux pour votre bien-aimée [ ]
86. Parachute tandem [ ]
87. Saut à l'élastique [ ]
88. Cours de pilotage [ ]
89. Rafting à grande vitesse [ ]
90. Parc aventure [ ]
91. Balade en montgolfière [ ]
92. Pilotes de Formule 1 pour une journée [ ]
93. À toute allure [ ]
94. Voyager en train [ ]

95. Galop à deux [ ]
96. Visiter un nouveau lieu (à l'aveugle) [ ]
97. Balade en quad [ ]
98. Se sentir à nouveau comme un enfant dans une cabane dans les arbres [ ]
99. Nuit en igloo (près de chez vous) [ ]
100. Sortie nature... avec des lamas [ ]
101. Sports nautiques [ ]
102. Autour du monde [ ]
103. Backpacking [ ]
104. À la découverte d'un autre continent [ ]
105. Dans le Grand Nord [ ]
106. Pause spa relaxante [ ]
107. Sur la route avec votre douce moitié [ ]
108. Camping [ ]
109. Escape game entre amis [ ]
110. Devenir fauconnier le temps d'une journée (demi-journée) [ ]
111. Tir à l'arc double [ ]
112. Segway en ville [ ]

113. Château gonflable dans le jardin [ ]
114. Une soirée inoubliable [ ]
115. Un nouveau groupe musi [ ]
116. Looks parfaitement assortis [ ]
117. 007 amoureux [ ]
118. Bataille d'oreillers [ ]
119. Passer la nuit dans un château (hanté ou non) [ ]
120. Couple laser tag [ ]

Défi Cuisine

Date et lieu

Variante Cuisine #1. Dans la lignée des émissions de télévision que vous aimez le plus, mettez-vous au défi de celui qui concoctera le dessert ou le plat le plus beau, le plus original et le plus délicieux ! Ce n'est pas la peine de copier ou de saboter votre adversaire... Miam !

Dégustation maison

Date et lieu

Variation culinaire #2. Amusez-vous à amener sur la table une variété de produits appartenant à une même catégorie en organisant une véritable dégustation. Ne vous limitez pas aux vins, mais faites-vous plaisir avec différents fromages, chocolats du monde entier, thés et tout autre délice gastronomique et -nologique auquel tu ne peux pas – oups, vous ne pouvez pas – résister. Si vous ne savez pas par où commencer, découvrez de nouveaux produits en faisant une recherche rapide sur Internet !

L'art, quelle passion !

Date et lieu

Imaginez que vous êtes étudiant dans une académie des beaux-arts : choisissez un thème commun (un animal, un personnage célèbre, un paysage ou un objet) et essayez-vous à la création de petits chefs-d'uvre domestiques. L'un de vous pourrait utiliser un morceau de papier et des crayons de couleur, l'autre de la pâte à modeler et des ciseaux pour faire une petite statue. Qui obtiendra le meilleur vote ?

New Looks

Date et lieu

Comment ça va... avec la mode ? Pour dire adieu à une journée ennuyeuse avec un E majuscule, ouvrez la garde-robe de votre partenaire et amusez-vous à créer les looks les plus moches, les plus drôles, les plus colorés ou les plus imprévisibles. Qui remportera le prix du meilleur créateur anti-mode de l'année ? Un défilé de mode dans le salon le rendra encore plus amusant !

Cocktails

Date et lieu

Inventez un cocktail en compagnie de votre partenaire de vie. De ceux à base d'alcool à ceux hyper-fruités et sucrés qui sont également appréciés par les abstinents. Il vous suffit de sélectionner une playlist de musiques évocatrices pour choisir les accords les plus audacieux et vous transformer en... barman/barmaid d'un jour ! Et évidemment, faire ses courses au supermarché ou au marché est une excellente excuse pour se défier de préparer la meilleure boisson. Qui va gagner ?

Personnalisez l'appartement

Date et lieu

Si les murs de la maison ont besoin d'un rafraîchissement et que vous ne savez pas comment passer votre temps libre en votre propre compagnie ou en celle de votre partenaire, pensez à acheter tout ce dont vous avez besoin pour peindre les murs d'une couleur différente. De plus, à l'aide de ruban adhésif, vous pourrez créer des zones contrastées comme un véritable architecte d'intérieur, afin de personnaliser les pièces avec le soutien de l'amour de votre vie. Pas besoin de se presser pour tout finir tout de suite ! Le but est justement de passer des journées bien remplies et amusantes.

Le cadeau du mardi

Date et lieu

Les Britanniques l'appellent Tuesday Gift, littéralement le cadeau du mardi : une petite pensée apparemment non motivée et – précisément pour cette raison – très bien accueillie par ceux qui la reçoivent. Apprenez de nos cousins britanniques et achetez des chocolats ou un beau bouquet de fleurs pour votre moitié. Envoyez le bouquet au bureau ou laissez-le sur son siège auto pour un effet « Wow ! »

Maquillage... et plus

Date et lieu

Quelle passion pour le nail art ! Si votre copine est une passionnée de vernis à ongles et de maquillage, organisez une journée où vous serez celui qui choisira les combinaisons de couleurs pour ses nouveaux ongles. Et n'oubliez pas que les garçons sont libres d'opter pour une manucure nature ou multicolore qui leur donnera une touche fashion digne d'éloges. Laissez-vous conquérir par le pouvoir du maquillage !

Match à la télé avec surprise

Date et lieu

Le match le plus important du championnat a lieu dimanche ? Si la Ligue 1 est le rendez-vous hebdomadaire le plus attendu de votre petit(e) ami(e), laissez-lui un message quelques jours avant en lui disant qu'il/elle devra vous accorder de l'attention pendant la pause. Vous êtes à court d'idées ? Se retrouver dans la chambre et ne porter que le t-shirt de son équipe favorite. Ouf, maintenant c'est à lui de marquer !

Jardinage pour deux

Date et lieu

Réveillez le pouvoir caché de votre main verte en un après-midi en tant que jardinier débutant en herbe. La règle ? Elle plante, il creuse. À défaut de jardin ou de petit lopin de terre, faites-vous plaisir avec des semis ou des herbes sur le rebord de la fenêtre. Ils vous seront utiles pour parfumer les plats de votre prochain défi culinaire...

Nouvelles activités sportives

Date et lieu

Affrontez le week-end sous le signe du sport ! Essayer une nouvelle activité est une façon amusante et stimulante de poursuivre ses passe-temps et ses passions. Ensemble. Les plus gonflés à l'adrénaline pourront tester la puissance de l'escalade indoor ou outdoor, ou le plaisir de pédaler en plein air. Avez-vous déjà lacé vos baskets, champion ?

Pas de danse !

Date et lieu

Qui a dit que la discothèque devait devenir un prétexte pour déclencher des scènes de jalousie inutiles ? Plutôt que de vous éloigner de la piste de danse, invitez votre partenaire à se déchaîner sur la piste de danse avec vous. Un tête-à-tête dans un club local est tout ce dont vous avez besoin pour transformer une soirée amusante en un jeu de flirt, de contact visuel et de caresses enflammées. Amusez-vous ensemble, et essayez de vous conquérir comme si vous étiez au tout premier rendez-vous.

Lunapark

Date et lieu

Un grand classique des chaudes journées d'été : le lunapark. Pourquoi ne pas redevenir un enfant dans une aire de jeux réservée aux adultes et aux enfants ? Laissez libre cours à votre part la plus décomplexée, achetez de la barbe à papa pour elle ou un sachet de pop-corn pour lui... Enfin, avant de crier à tue-tête sur les montagnes russes ou de prendre une photo souvenir sur la grande roue, tentez le tout et pour tout dans l'un des nombreux stands de tir qui proposent de gigantesques peluches à gagner. Aïe , vous aurez un invité indésirable dans votre lit ce soir...

Balade romantique

Date et lieu

Pourquoi ne pas renverser les règles du week-end et marcher au clair de lune, dans le calme des heures nocturnes ? Tenez-vous la main, écoutez une chanson larmoyante en boucle et laissez-vous conquérir par le silence fascinant et quelque peu mystérieux de la ville. Sans oublier que toutes, absolument toutes les métropoles et provinces disposent d'au moins un point de vue pour admirer le ciel, la mer ou la ligne d'horizon illuminée. Pour les plus aventureux, partez pour une balade lente dans les rues désertes du centre.

Bénévolat

Date et lieu

Rendez-vous... au chenil ! Les amoureux des animaux le savent bien : chaque instant est bon pour soutenir nos amis à quatre pattes moins fortunés. Rapprochez-vous des bénévoles du refuge municipal près de chez vous et offrez votre disponibilité pour promener les hôtes poilus et un peu échevelés qui ont hâte de... se dégourdir les pattes. Qui sait, peut-être qu'un coup de foudre vous convaincra d'adopter un chien ou un chaton qui miaule en compagnie de votre douce moitié. Il est temps d'agrandir la famille (faire le bien).

Visite de la ville

Date et lieu

Incarnez un explorateur intrépide en compagnie de votre partenaire. Découvrir des lieux, des monuments, des quartiers ou des parcs encore jamais visités dans votre ville est la meilleure façon de se sentir en vacances... même quand le budget vous empêche de réserver un billet d'avion intercontinental !

Pique-nique nocturne en plein air

Date et lieu

C'est une soirée d'été comme tant d'autres et vous cherchez une solution pour épater votre moitié ? Préparez alors un pique-nique sous les étoiles et invitez votre ami(e) à observer le ciel étoilé les yeux rivés sur la voie lactée. Les points panoramiques les moins compromis par la pollution lumineuse de nos villes se trouvent dans les espaces verts. Apportez une lampe de poche, quelques bougies et une poignée de choses à grignoter entre un « Wow ! » et un baiser passionné et super romantique.

Incognito Lovers

Date et lieu

Laissez libre cours à votre imagination et imaginez que vous revivez votre premier rendez-vous avec lui dans un lieu public. Prenez rendez-vous dans un café, étonnez votre interlocuteur avec un regard neuf tout droit sorti d'un magazine et conversez comme si vous étiez deux inconnus. Les idées pour animer la soirée sont potentiellement infinies. En tant qu'acteurs, vous jouerez votre passé et trouverez mille façons de flirter et d'allumer la flamme de la passion une fois de retour chez vous. Lequel des deux méritera l'Oscar du meilleur acteur ?

Un (deuxième) premier rendez-vous

Date et lieu

Variante #1 : jouer à un premier rendez-vous n'est qu'un des mille mondes fantastiques à explorer avec le pouvoir créatif de l'esprit. Les plus aventureux sont libres de choisir un café et de s'asseoir à deux tables distinctes. Après les premiers regards fugaces de désir, il ou elle fera le premier pas : écrire un message intrigant sur un bout de papier ou un mouchoir, demander au serveur de le remettre à votre douce moitié, ou échanger vous-même les premiers mots avec la personne qui vous intéresse.

Allez au bowling

Date et lieu

Strike ! Le bowling est l'une des activités les plus amusantes, attrayantes et populaires pour les couples incapables de résister à l'attrait de la compétition. Ne vous retenez pas et faites monter les enchères avec un pari. Des exemples ? Celui qui gagne paie un verre, ou demandera à sa douce moitié d'assouvir un désir surexcitant une fois rentrés sous la couette... Stimulant, vous ne trouvez ?

Dégustation de vin

Date et lieu

– Réservez une dégustation de vin dans un restaurant ou une auberge près de chez vous. Avec un éclairage tamisé et des meubles en bois massif à l'esthétique légèrement brute et vintage, les caves sont les meilleurs endroits pour enflammer les sens de votre moitié en échangeant des regards remplis de désir (alcoolisé). J'ai déjà dit que la bonne bouffe et le bon vin sont les ingrédients incontournables d'un week-end étoilé, n'est-ce pas ?

Drive-in pour deux

Date et lieu

Bien sûr, le cinéma est un excellent moyen de passer quelques heures de divertissement au chaud. Pourtant, les jours d'été étouffants, vous pouvez opter pour la séance de plein air, plus passionnante. En France, il y en a plusieurs, surtout dans les grandes villes : armez-vous de Coca-Cola et de frites grillées et profitez de toute la beauté d'un rendez-vous romantique comme au bon vieux temps. On ne se croirait pas dans une université américaine ?

Balade à la campagne

Date et lieu

La routine de la vie quotidienne vous empêche d'entrer en contact avec la nature qui vous entoure ? Alors, organisez un après-midi dans le parc de la ville, achetez un cerf-volant et amusez-vous à le faire voler haut dans le ciel avec l'aide de votre douce moitié. Vous pourrez recharger votre énergie mentale et émotionnelle pour la semaine de travail à venir. Je vous assure !

Nouveau look avec votre douce moitié

Date et lieu

Apprenez à prendre soin de vous en compagnie de votre partenaire de vie. Prenez rendez-vous chez le coiffeur et décidez de changer de look. Votre partenaire fera de même. Vous repartirez frais, parfumés et prêt à réaliser mille autres activités avec une coupe résolument plus fraîche !

Passion Tattoo

Date et lieu

Variation #1 : Vous avez hâte d'ajouter un tatouage de couple à votre collection ? Entrez en contact avec votre tatoueur de confiance et prenez rendez-vous pour lui aussi... Se faire un tatouage, c'est créer un signe tangible et indélébile de la relation qui vous unit (pas forcément le même). Feu vert à l'imagination !

Découvrir de nouvelles danses

Date et lieu

Et que diriez-vous d'un cours de danse... à deux ? Si la musique pop, techno ou reggaeton des clubs de la ville ne vous donne pas envie de vous déchaîner sur la piste de danse, optez pour une leçon de swing, boogie woogie, charleston ou rockabilly. Bien sûr, les propositions ci-dessus peuvent vous sembler un peu démodées – et je fais surtout référence aux jeunes couples qui nous écoutent – mais elles contribuent à enflammer l'imaginaire avec des soirées musicales à thème animées par des danses endiablées. Allez, levez-vous du canapé, espèce de paresseux !

Détente au SPA

Date et lieu

Un grand classique : le week-end au SPA dans un cadre balnéaire ou montagnard, loin des klaxons de la circulation métropolitaine. Les parcs nationaux de l'hexagone regorgent de structures pour se ressourcer et réserver 110 massages à un prix abordable (surtout en basse saison). Si vous préférez les installations en haute altitude, envisagez de rester quelques nuits pour apprendre les bases du ski et du snowboard, ou amusez-vous sur les pistes enneigées.

En bateau

Date et lieu

La Côte d'Azur est un mélange savamment équilibré d'étendues côtières époustouflantes et de reliefs vallonnés et/ou montagneux à explorer avec l'aide d'un guide. Si vous habitez près d'un lieu en bord de mer, réservez une excursion d'une journée sur un voilier. Il existe de nombreuses sociétés de location spécialisées dans la plongée, les cours nautiques et les délicieux apéritifs... en haute mer. Bien sûr, avant de surprendre votre douce moitié, assurez-vous qu'il ou elle ne souffre pas de crises de nausées, hein...

Romance sous la pluie

Date et lieu

Marchez, dansez et courez... sous la chaude pluie d'été ! C'est une scène récurrente dans les films hollywoodiens, n'est-ce pas ? Alors, transformez-vous-en une co-vedette primée et saisissez la main de votre partenaire de vie au milieu d'une averse estivale. Une nuit d'été solitaire est tout ce dont vous avez besoin pour atteindre l'apogée de l'amour, du transport et de la passion qui vous lie à votre partenaire. Si, en revanche, l'idée de se faire tremper après une nouvelle coupe de cheveux chez le coiffeur ne vous excite pas, promenez-vous avec lui bras dessus bras dessous, mais sous un parapluie pour deux.

En hôtel de luxe

Date et lieu

VIP pour une journée seulement ! Si des obligations professionnelles vous empêchent de réserver un week-end de dernière minute dans une ville française ou européenne, envisagez de séjourner dans l'un des meilleurs hôtels de la ville en compagnie de votre moitié. Ah, n'oubliez pas de vous fier au pouvoir de l'imagination et de jouer le rôle d'un amant incognito qui – pour se cacher des paparazzis – devra se déplacer discrètement avant de se faufiler dans le lit de l'autre. Mettez une belle paire de lunettes de soleil et – voilà – laissez libre cours à votre imagination !

Soirée entre amis

Date et lieu

Pour renforcer le lien de couple, organisez une soirée 100% féminine avec vos amies et invitez votre chéri à faire de même avec ses amis (et inversement). De retour chez vous, racontez-vous quelques ragots et laissez-vous conquérir par le plaisir (interdit) du potin !

Pêche à deux

Date et lieu

Au lieu de dormir... allez pêcher ! La pêche est une activité statique et relaxante qui demande de la patience et une bonne dose de concentration. Le butin sera grillé le soir même et arrosé d'une bonne bouteille de vin !

Champ de tir

Date et lieu

Cupidon a déjà atteint la cible une fois, mais maintenant c'est à vous ! Le tir au stand est un grand classique du sport : il ne demande pas de capacités physiques particulières et... il pourrait réveiller des instincts primitifs à raviver dans la chambre après une douche régénérante (ensemble bien sûr).

Musées et art à n'en plus finir

Date et lieu

Avant de plonger dans une piscine d'eau cristalline, immergez-vous aussi dans la culture. Les musées et les galeries d'art sont incontournables les après-midi de pluie. Personnellement, je vous propose d'organiser une visite des musées de Paris, parmi les plus engageants et interactifs que j'ai jamais visités en compagnie de mon compagnon.

Tandem pour découvrir la ville

Date et lieu

Faire du vélo en plein air est amusant et stimulant, mais embarquer à deux en tandem, c'est autre chose. Louez-le pour une journée et apprenez à vous coordonner avec votre moitié pour faire de l'activité physique en plein air en bord de mer ou dans les rues du centre-ville. Driiin ! Driiin ! Comment est-il possible que les piétons soient toujours dans le passage...

Jeu ou concert ?

Date et lieu

Pour la rubrique « mon/ma chéri€ est passionné(e) de sport », surprenez votre partenaire et laissez-le trouver deux places pour le match de dimanche sur sa table de chevet – ou peut-être pour un concert auquel il veut assister depuis longtemps. Préparez-vous ensemble, portez les t-shirts du club ou une tenue légèrement rock, et hurlez les chants du stade ou les tubes que vous aimez le plus.

Patinage sur glace

Date et lieu

Noël approche et la place de la ville abrite une patinoire glissante ? Chaussez une paire de patins et préparez-vous à débouler en compagnie de votre dulcinée. Avant de rentrer chez vous, arrêtez-vous dans un café pour siroter un chocolat chaud. Slurp !

Go-Kart Race

Date et lieu

Go, go, go ! Pourquoi ne pas passer un après-midi crépitant sur une piste de Go-Kart ? L'expérience du défi gagnera le cœur de tous, en particulier ceux qui sont des joueurs professionnels de Super Mario Kart de Nintendo. Attention aux virages, hein...

Jeux d'argent (mais avec modération)

Date et lieu

Avez-vous déjà parié sur une course, plongeant dans l'imagerie stéréotypée des États-Unis ? Pour un après-midi étoilé, partez avec lui à une compétition de moto, de voiture ou de cheval - de gustibus. Misez quelque chose sur le cavalier ou le jockey le plus prometteur, mais évidemment sans vous ruiner !

Au casino

Date et lieu

Bien que le jeu soit condamnable sous toutes ses formes, il n'y a rien de mal à passer une soirée sui generis : prenez-vous un peu au sérieux, portez les vêtements les plus élégants que vous avez dans votre placard, garez la Fiat Punto devant un casino pentastellato et changez deux cents euros en jetons. Et si la déesse aux yeux bandés ne vous prend pas sous son aile protectrice, enfermez-vous dans le bar à cocktails du casino en compagnie de votre douce moitié pour épier les mouvements des plus audacieux.

Aujourd'hui je décide pour toi

Date et lieu

Contrôlez votre douce moitié... pendant une demi-journée ! Pendant 12 heures, votre chéri€ devra consentir à chacune de vos demandes – mais que ce soit légal, attention ! Maintenir le pouvoir de décision sur le couple est une expérience très excitante, qui pourrait accroître la complicité et le désir mutuel même sous la couverture. Un indispensable !

Le choix vous appartient

Date et lieu

La variante de l'activité couple numéro 41 prévoit que cette fois c'est vous qui prenez les commandes de votre partenaire. Taquinez votre chéri(e), après tout, rien ne vous empêche de désobéir à l'autre partie pour pimenter encore plus l'expérience de contrôle...

Week-end romantique insolite

Date et lieu

Kidnapping en amoureux ! Organisez un week-end atypique en kidnappant votre partenaire pendant quelques jours. Réservez une chambre dans une ville facilement accessible en voiture, confisquez le smartphone de votre "victime" – aucune distraction n'est autorisée ! – et ne lui dévoilez vos intentions qu'au dernier moment. Tout se passe comme dans un kidnapping, à la seule différence que le partenaire de votre vie ne donne pas de coups de pied dans le coffre. Ou peut-être que oui ?

Shopping (luxe), quelle passion

Date et lieu

Hot challenge : entrez dans une boutique de luxe un peu hors budget et demandez aux assistantes d'essayer les articles les plus tendances de la dernière collection mode. Prétendre que c'est lui le sugar daddy du couple. Sortez de la cabine d'essayage et éblouissez-le avec un défilé de mode (privé) de robes fabuleuses, scintillantes, luxueuses et bien au-dessus. Ah, le pouvoir enivrant de la belle vie...

Actes de Merveilleuse Générosité

Date et lieu

Prenez soin de la... famille élargie ! Aidez la sœur de votre petit ami à rédiger son nouveau curriculum vitae ou offrez une tasse de thé à sa mère sans rien dire à votre partenaire. Il sera agréablement surpris et comprendra qu'il a choisi une personne empathique, intelligente et d'une générosité marquée.

Conduite

Date et lieu

Montez à bord de votre quad, baissez les vitres et choisissez une playlist de musique qui a du sens pour vous et votre amoureux. Après avoir atteint un point panoramique, garez-vous dans un endroit isolé et silencieux, échangez quelques câlins et admirez ensemble la vue de là-haut. Le ciel illuminé par les traînées rougeâtres du coucher de soleil donne des points bonus !

Transformez votre look

Date et lieu

Pourquoi ne pas renouveler votre garde-robe avec une séance shopping ludique dans les rues du centre ? Vous n'avez pas besoin de dépenser des sommes énormes. Il ne vous reste plus qu'à établir un budget pour votre homme ou votre femme (et inversement) et combiner les articles les plus excentriques de H&M ou de Zara sous les yeux ébahis des vendeurs. Le petit plus : laissez chacun choisir librement un accessoire ou un vêtement pour l'autre… Feu vert à la créativité !

À la recherche d'ennuis...

Date et lieu

Attention, attention : les couples les plus intrépides et aventureux peuvent se lancer dans l'exploration d'un vieil immeuble abandonné, s'armant de torches (durables). Lequel des deux tombera sur un mystérieux phénomène paranormal ? Au cas où vous rencontreriez un fantôme menaçant, ayez le numéro de téléphone de Ghostbusters à portée de main !

Un anniversaire inoubliable

Date et lieu

L'anniversaire approche et les idées romantiques se font rares ? Revivez les moments forts de votre relation en réservant dans le même restaurant que pour votre premier rendez-vous. Assaisonnez le tout avec un bouquet de roses rouges et la lingerie la plus sexy que vous puissiez trouver dans votre tiroir (ou dans la boutique de lingerie la plus proche de chez vous). Votre chéri€ sera ravi(e) !

À mon avis...

Date et lieu

De temps en temps, pour dire bye bye à une après-midi terne, il suffit de s'asseoir à une table de bar, de commander un Spritz et de s'armer de deux feuilles de papier et de deux crayons. Le jeu est très simple : concentrez-vous sur une personne assise à côté de vous – mais ne la regardez pas avec trop d'insistance au risque de passer pour des espions (pas tellement) incognito – et notez sur le papier son nom, son métier, la raison de sa présence en ville et sa prochaine destination. Celui qui démontre le plus de créativité et d'esprit d'observation gagne !

Wish Box

Date et lieu

Parler de vos désirs sexuels peut être gênant (surtout pendant les premières étapes d'une relation). Voici pourquoi la box à désirs peut vous convenir. Prenez une boîte en carton : vous et votre partenaire pouvez conserver des bouts de papier sur lesquels sont écrits vos rêves les plus fous et les plus chauds. Au moment opportun, peut-être après une dégustation de vins, chacun de vous pêchera au hasard et ... que la fête commence !

Jeux de société chauds

Date et lieu

Si les jeux de société sont votre point commun, essayez la version chaude des dés à six faces. Vous pouvez les acheter en ligne ou les fabriquer dans leur variante DIY. Il suffit d'associer six actions (lécher, toucher, embrasser, grignoter, sucer et presser) à six parties du corps masculin et/ou féminin. Quand ce sera votre tour, confiez-vous à la déesse du hasard pour une expérience érotique exceptionnelle !

Aujourd'hui je me transforme en...

Date et lieu

Les jeux de rôle sont un grand classique (encore trop méconnu). Ils vont du simple plombier et cliente ou médecin et patiente, à des versions résolument plus imaginatives (guerrier courageux et princesse piégée dans la plus haute tour du château). Pour les déguisements, fiez-vous à Internet ou aux sex-shops les mieux achalandés de votre région.

Un jeu de miroirs

Date et lieu

Avant de bouleverser votre chambre... rendez-vous chez IKEA en compagnie de votre douce moitié et achetez un grand miroir mural. Placez-le près du lit et regardez votre moitié vous caresser lascivement pendant l'acte. Ah, miroir, miroir de mes désirs... Qui est le plus sexy de tous ?

Un oubli agréable

Date et lieu

Pour les filles : laisser une culotte dans le tiroir n'a jamais été aussi torride. Quittez la maison sans sous-vêtements et – dans un moment d'intimité ou peut-être au restaurant, en attendant le dessert – prenez sa main et serrez-la entre vos jambes. L'effet de surprise le laissera stupéfait et chaud. Garanti !

REC sous les couvertures

Date et lieu

Qui a dit qu'ils n'immortalisaient que les moments les plus romantiques de votre couple ? Une caméra de chevet est le tout-en-un dont vous avez besoin pour transformer les expériences les plus chaudes sous les couvertures en un film maison super épicé que vous pouvez regarder encore et encore. La pensée fixe d'un objectif qui vous filme en compagnie de votre douce (et fougueuse) moitié rendra l'affaire encore plus excitante. Clac, les hormones sur scène !

Préliminaires torrides

Date et lieu

Pour les filles : une épilation complète, bien que certainement agaçante sur le moment, permet d'augmenter le plaisir du sexe oral pratiqué et reçu . Si la langue de votre partenaire touche directement la peau, l'étreinte sera encore plus prenante et... choquante !

Sextoys modernes

Date et lieu

Si vous êtes une habituée des vibromasseurs classiques à garder précieusement dans le tiroir de la table de chevet, alors laissez votre chance aux sextoys déportés activables avec une télécommande ou avec une application smartphone. Passez la manette tant convoitée à votre partenaire et sortez de la maison pour siroter un apéritif électrisant. Ah, il conviendra de demander au barman un Spritz avec double glace pour freiner votre ébullition !

Essayez le soft bondage

Date et lieu

Dur, mais pas trop ! Pour renouveler vos habitudes de chambre, il est conseillé de miser sur le soft-bondage : une paire de menottes en fourrure et une écharpe (ou une cravate) pour bander les yeux de votre partenaire de vie rendront les préliminaires encore plus torrides. Distribuez des baisers et des caresses sur tout le corps, mais rappelez-vous de ne jamais atteindre les zones clés pour le rendre fou.

Messages sans fin

Date et lieu

____

Ah, le pouvoir des paroles coquines ! Parmi les merveilles de la communication numérique, la possibilité de se lancer dans une version textuelle du sexe plus concret dans la chambre se démarque. L'excitation du mot écrit active le pouvoir de l'imagination et est indispensable si vous êtes dans une relation à distance. Maintenant, il reste à comprendre comment garder les deux mains sur le clavier du smartphone...

Hot looks

Date et lieu

Les barboteuses en latex quelle passion ! Elles sont incontournables parmi les icônes de la musique pop mondiale – de Lady Gaga à Rihanna, en passant par Christina Aguilera – et elles sont aussi une alternative très valable à la lingerie en dentelle qui fait toujours mouche. Votre partenaire devra vous « déballer » avec ses mains, rendant les préliminaires encore plus stimulants...

Le triangle

Date et lieu

Un lit double, ou peut-être un lit triple ? Mettant un instant en veille les divers et possibles moralismes, il n'en reste pas moins que l'expérience du triangle amoureux reste un classique intemporel. Recommandé pour les couples les plus audacieux et ouverts à l'expérimentation, il permet de retrouver l'équilibre de zéro.

Adrénaline amoureuse

Date et lieu

Inutile de le nier : la libido prend son envol à chaque fois que vous courez le risque d'être découvert, ou que vous avez l'impression d'être observé. Certains optent pour leur propre voiture, d'autres pour un banc de parc et d'autres encore pour les vestiaires d'on ne sait quelle boutique de chemises pour hommes. Une chose est sûre : la prudence n'est jamais de trop, vous ne voulez pas finir à la une nationale, n'est-ce pas ? Chut, ne faites pas trop de bruit ou ils vous auront !

Prenez votre temps...

Date et lieu

Ne vous laissez pas emporter par la frénésie du moment. Le sexe lent – littéralement, le sexe lent – n'est pas si différent de n'importe quel rapport sexuel. La seule différence est... dans le rythme ! Les préliminaires, les caresses, les baisers et les rapports réels se dérouleront très lentement, afin que vous puissiez établir un lien énergétique et mental avec votre partenaire. L'étreinte finale sera encore plus satisfaisante. La science le dit.

La pantoufle de Cendrillon !

Date et lieu

Plus de 50% des garçons trouvent excitant que leur partenaire n'enlève pas le décolleté et les talons pendant les rapports sexuels. La raison ? Se déshabiller à moitié ou ne pas se déshabiller du tout donne cette impression de passion écrasante que votre homme considérera comme un compliment à sa désirabilité. Ah les hommes...

Intimité sous-marine !

Date et lieu

Organisez une soirée romantique dans la baignoire ! La position antidérapante par excellence l'oblige à s'asseoir les jambes croisées, et elle à enrouler ses jambes autour du dos de son partenaire avec ses chevilles entrelacées. Dans le cas où vous souhaitez utiliser un lubrifiant, pensez à acheter la version étanche en silicone. Ajoutez un peu de mousse parfumée et laissez-vous guider par l'inspiration du moment. Vous n'avez pas l'impression d'être un peu un triton ou une petite sirène ?

Caresses chaudes

Date et lieu

L'huile n'est pas seulement le joker d'un massage érotique ; elle rend le contact peau à peau plus doux et plus glissant, notamment lors des caresses et des préliminaires.

Danseur d'un jour

Date et lieu

Il est temps de vous transformer en danseur burlesque ! Avez-vous déjà entendu parler de Balloon Striptease ? Gonflez des ballons, portez des slips ou de la lingerie minimale pour les épingler dans les zones érogènes en surbrillance et laissez-les éclater avec une aiguille (peut-être tenue entre les lèvres pour rendre la chose encore plus amusante). Vous aurez l'occasion de dévoiler vos formes petit à petit pour un « Wow ! » assuré.

Toucher devant sa douce moitié

Date et lieu

Pourquoi ne pas s'essayer à l'art de l'exhibitionnisme ou du voyeurisme ? Accordez-vous quelques instants de plaisir autodidacte devant votre partenaire, afin d'enflammer le désir qu'il a pour vous. Comme si cela ne suffisait pas, regarder votre chéri(e) se toucher est le meilleur moyen pour connaître ses préférences dans la chambre. Alternativement, si la timidité règne, limitez-vous à caresser votre corps tout en gardant votre regard fixé sur le visage de l'autre partie. Uff, qu'est-ce qu'il fait chaud aujourd'hui ? La température monte visiblement !

Cinéma (à domicile) pour adultes

Date et lieu

Que diriez-vous d'un marathon feu rouge ? Bien sûr, tout le monde n'est pas fan des films hardcore. Pourtant, j'ai de bonnes nouvelles pour vous : vous n'aurez pas à les regarder sur le canapé avec beaucoup de pop-corn et une couverture ; jouez simplement le son à faible volume attention aux voisins ! – pour augmenter le désir et donner le bon rythme à votre expérience +18.

Twister avec fin surprise

Date et lieu

Contorsion quelle passion ! Avez-vous déjà essayé la version familiale du Twister ? En bref, déjà dans sa variante de base, c'est un jeu qui nécessite des touches et des positions similaires à autre chose. Alors pourquoi ne pas transformer vos tresses en une version hot, parfaite pour la chambre à coucher ? Des lumières tamisées et de la musique sont tout ce dont vous avez besoin pour enflammer la passion tout en restant en sous-vêtements.

Massages pour Elle ou Lui

Date et lieu

Les massages sensuels sont un grand classique. Découvrez le plaisir de caresser votre chéri(e) et procurez-vous des huiles parfumées pour rendre l'expérience encore plus multisensorielle. Allonger les préliminaires rendra le sexe plus romantique et épanouissant !

Action ou vérité en version épicée

Date et lieu

Sur Internet, il existe des applications pour smartphones ou des sites internet où l'on peut trouver une poignée d'idées coquines à essayer en couple. Demandez à votre partenaire lequel des deux "tests" il préfère et, une fois que vous avez fait votre choix, continuez votre chemin. Une belle idée anti-ennui qui vous permettra de mieux connaître votre moitié...

Le Kamasutra classique

Date et lieu

Marre des positions habituelles ? Donnez une chance au Kamasutra. Dans tous les cas, procédez étape par étape et n'en faites pas trop... Les positions du Step, de la Brouette ou du Tiroir ne conviennent pas vraiment à tout le monde. Je vous avais prévenu...

Un peu de douceur...

Date et lieu

Un trait de miel par-ci, un trait de chocolat par-là et un trait de crème sur vos zones érogènes les plus chaudes ou celles de votre partenaire. Il ne s'agit pas d'une recette de pâtisserie, mais d'une façon très courante et amusante d'animer un spectacle sous la couverture... de façon gourmande !

Une nouvelle position ?

Date et lieu

Ugh, le 69 habituel, c'est ennuyeux ! Les couples d'humeur à expérimenter sont libres de compter sur le 77 – également connu sous le nom de Spoon Sex. Les deux partenaires s'allongent l'un à côté de l'autre avec lui derrière. L'avantage ? La pénétration sera plus lente, enveloppante et romantique, augmentant le contact peau à peau. Essayer !

Augmenter son plaisir

Date et lieu

Arrêtez-vous, arrêtez-vous au plus beau moment ! Des recherches rendues publiques par le British Medical Journal ont révélé qu'interrompre ou ralentir les préliminaires permet d'augmenter l'intensité de l'apogée du plaisir jusqu'à +40%. Bref, amusez-vous à laisser patienter votre chéri(e) juste assez longtemps... pour qu'il vous supplie de continuer !

Strip-tease avec grand finale

Date et lieu

Choisissez une chanson séduisante, enfilez vos plus beaux sous-vêtements et rendez votre partenaire fou de désir à la vue de vos plus beaux pas de danse. Les plus audacieuses peuvent répliquer le strip-tease dès leur sortie de la douche, avec seulement la serviette autour des hanches. Un incontournable intemporel !

Hot Dreams

Date et lieu

Stimulez l'imagination de votre partenaire en révélant que vous avez fait un rêve super sexy à son sujet la nuit dernière. S'il vous pose des questions sur le contenu du rêve, souriez-lui d'un air moqueur et dites-lui que vous êtes prêt à le concrétise... Donner des directives à votre partenaire pendant les préliminaires est un excellent moyen de renforcer la communication entre le couple même sous les couvertures.

Yoga pour adultes

Date et lieu

Découvrez les positions de yoga les plus extrêmes en portant uniquement vos meilleurs sous-vêtements. L'imbrication de vos corps rendra le tout encore plus irrésistible...

Cher ami, je t'écris une lettre...

Date et lieu

Non ne vous inquiétez pas! Vous n'aurez pas à communiquer avec lui à l'aide d'un pigeon voyageur. Demandez plutôt à votre partenaire de s'allonger sur le dos. Tracez des mots et/ou des phrases qu'il devra deviner. Pour rendre ces caresses ludiques encore plus sexy, n'utilisez pas votre doigt, mais votre langue ou une autre partie chaude de votre corps...

La peinture corporelle, quelle passion

Date et lieu

Les couples les plus artistiques et multicolores de la planète peuvent acheter un pack de peintures corporelles lavables et non toxiques, transformant le partenaire en une toile à remplir ! Petit conseil en plus : le body painting peut devenir le prétexte pour organiser une séance photo torride (peut-être à l'aide d'un miroir en pied).

Un bandeau pour tout rendre plus chaud

Date et lieu

Jouez à l'aveugle avec votre douce moitié ! Après avoir bandé les yeux de votre partenaire, prenez son doigt et guidez-le pour découvrir les points les plus chauds de votre corps, en utilisant simplement le bout de votre index. L'autre partie devra deviner quelle zone elle touche. Et s'il échoue, eh bien, rappelez-vous que vous avez un contrôle total sur lui/elle tant qu'il/elle a les yeux bandés, n'est-ce pas ?

Jeu de la bouteille super épicé

Date et lieu

La version épicée vous place, vous et votre partenaire, assis par terre, formant un cercle composé d'objets (une bouteille de vin, de l'huile de massage, un sextoy, une combinaison de fraises avec chocolat, etc.), obligations érotiques et quelques questions coquines. La bouteille est tournée jusqu'à ce que l'un des deux soit associé à une action à effectuer ou à un jouet chaud à utiliser. Cela continue jusqu'à ce que vous soyez prêt pour le grand final !

Massage ultra-doux pour votre bien-aimée

Date et lieu

Vous cherchez des idées de massages alternatifs ? Au lieu d'utiliser vos mains, utilisez une plume. Sa douceur excitera votre partenaire en quelques minutes, surtout si vous prenez le temps de lui bander les yeux ou de l'attacher au lit avec une paire de menottes prêtes à l'emploi. À éviter au cas où l'un de vous souffrirait (un peu trop) du chatouillement...

Parachute tandem

Date et lieu

Les vrais accros à l'adrénaline sont tenus de réserver une expérience de parachute tandem à couper le souffle. Un avion vous emmènera à environ 4000 mètres d'altitude ; le temps qu'un parachutiste professionnel attache son harnais au vôtre et à celui de votre partenaire, il sera déjà trop tard pour revenir les pieds sur terre. Le hayon s'ouvre et – voilà – vous sautez dans le vide à une vitesse de 180 km/h. Post-Scriptum : pas pour les âmes sensibles...

Saut à l'élastique

Date et lieu

Une variante plus simple et plus abordable pour tout le monde est celle du saut à l'élastique, bien sûr. Vous et votre partenaire trouverez-vous le courage de sauter dans le vide, suspendus à un fil ? La phase de chute ne dépasse pas 5 secondes et atteint une vitesse d'environ 100 km/h. De retour au sol, vous pouvez suivre le chemin indiqué par le personnel pour revenir au point de lancement (où vous pourrez vous moquer de votre moitié, qui refuse catégoriquement de sauter).

Cours de pilotage

Date et lieu

Prendre des cours de pilotage vous fait rêver ? Dans de nombreuses villes de France, il existe des écoles de pilotage pratiques et théoriques. Après avoir reçu les enseignements de base avec l'aide d'un moniteur diplômé, vous pourrez observer le monde d'en haut en compagnie de votre partenaire. Êtes-vous prêt à ressentir la montée d'adrénaline de prendre les devants et de détourner, euh, je voulais dire piloter un petit avion ?

Rafting à grande vitesse

Date et lieu

La variante aquatique des aventures les plus extrêmes pour les couples consiste en une expérience de rafting. Qu'est-ce que c'est ? Le duo affrontera la descente d'une rivière sur un canot pneumatique, zigzaguant entre rapides, courants et obstacles inattendus. Ne vous inquiétez pas : vous ne serez pas seul. Un moniteur vous suivra de A à Z et vous apprendra les bases sur les rivières et les lois scientifiques qui les régissent. Enfin, n'oubliez pas de vous baigner et de vous détendre en compagnie de votre dulcinée !

Parc aventure

Date et lieu

Laissez-moi deviner : enfant, vous rêviez d'être Tarzan pour voyager sur les lianes d'un bout à l'autre de la jungle métropolitaine ? Si la réponse est oui, réalisez votre vœu dans un parc aventure. Montez, gardez votre équilibre, lancez-vous avec une poulie et essayez de ne pas vous emmêler dans un enchevêtrement de cordes. Est-ce que vous et votre partenaire serez capables de survivre dans le désert ?

Balade en montgolfière

Date et lieu

Allez, ne me dis pas que tu as le vertige ! Montez à bord d'une montgolfière multicolore pour voir le monde sous un autre angle. Et puisque cette activité est sans aucun doute plus romantique que les précédentes, offrez-la à votre partenaire pour lui couper le souffle !

Pilotes de Formule 1 pour une journée

Date et lieu

L'expérience de la conduite sur piste donne une poussée d'adrénaline à tout passionné de moteur (voiture ou moto, peu importe). Une alternative valable pour se lever du canapé et vivre une compétition de première main. Post-Scriptum : vos femmes peuvent participer ou applaudir en bord de piste !

À toute allure

Date et lieu

Pour passer une après-midi inoubliable, il suffit d'un câble en acier qui traverse une vallée ou une clairière : la tyrolienne Eh bien, le plaisir est lancé à une vitesse stratosphérique entre de magnifiques paysages naturels, atteignant 100 km/h. Je vous conseille fortement de prendre un repas léger avant l'expérience en plein air et de reporter le déjeuner à base de lasagnes le dimanche...

Voyager en train

Date et lieu

Si les activités précédentes vous ont donné des palpitations, j'ai une friandise à partager avec vous : organisez une visite en train historique. Les chemins de fer tricolores ont activé une longue série d'itinéraires naturalistes et culturels pour découvrir les beaux paysages de France le nez collé à la fenêtre ! Entre villages suggestifs au Nord et villages multicolores au Sud, l'aventure est à portée de billet. Courez, dépêchez-vous, le train est sur le point de partir !

Galop à deux

Date et lieu

Et que diriez-vous d'une balade à cheval ? Il n'y a rien de mieux que de se sentir sauvage et libre en compagnie de la personne la plus importante de votre vie. Entrez en contact avec une école d'équitation; vous pouvez commencer par de simples promenades afin de vous familiariser avec ces beaux animaux. L'équitation est incontournable, car elle permet d'explorer lentement les plus beaux paysages de la mer, des montagnes et des collines. Vous ne vous sentez pas déjà un peu cowboy/cowgirl ?

Visiter un nouveau lieu (à l'aveugle)

Date et lieu

Emportez de la monnaie dans votre sac à dos, apportez votre appareil photo et une poignée de snacks avec vous et dirigez-vous vers la gare. La seule règle ? Monter dans le premier train qui part pour on ne sait où, se laisser guider par la magie de l'aventure sur la route.

Balade en quad

Date et lieu

Testez vos compétences de pilotage lors d'une excursion en quad avec votre petit ami ou votre petite amie. Vous passerez une journée pleine d'adrénaline et de plaisir. Tiens, pense à mettre le clignotant avant de passer...

Se sentir à nouveau comme un enfant dans une cabane dans les arbres

Date et lieu

Si vous cherchez une expérience pour couple qui vous permettra de vous sentir à nouveau comme un enfant, réservez quelques nuits... dans une cabane dans les arbres. Votre lit d'amour idéal pourrait être dans la province de Palerme ou dans les collines toscanes, ou peut-être près de Rome et de Milan. Faites une recherche sur Internet et n'oubliez pas d'apporter un livre avec vous pour lire en serrant votre partenaire de vie !

Nuit en igloo (près de chez vous)

Date et lieu

Brrr , achetez un pull en laine ! Pour dormir dans un igloo il n'est pas nécessaire d'aller en Laponie, à la recherche du Père Noël et de ses rennes. Il ne vous reste plus qu'à réserver un séjour inoubliable en Suisse ou au Tyrol, ou dans la province de Bolzano ou encore au Liechtenstein. Si vous voulez surprendre votre partenaire, pensez à cacher une doudoune ou un sweat polaire dans sa valise !

Sortie nature… avec des lamas

Date et lieu

Oui, les animaux cracheurs par excellence permettent de transformer un week-end ennuyeux en une aventure au contact de nouveaux compagnons de voyage. Certaines fermes sont situées dans le Doubs ou en Corrèze ; réservez votre visite bien à l'avance et gardez un œil sur les conditions météorologiques.

Sports nautiques

Date et lieu

La combinaison idéale ? Plongée en apnée + balade en kayak. En pagayant autour de la France, vous aurez l'occasion d'admirer les fonds marins en vous transformant en triton ou en sirène avec une nageoire très rapide !

Autour du monde

Date et lieu

Il est temps de s'envoler vers un autre pays du monde. Les compagnies low-cost (Ryanair, Vueling et WIZZ Air en prime) indiquent fréquemment des promotions de dernière minute. Les meilleurs billets ne coûtent pas plus de cinquante euros (avec bagage inclus).
Opterez-vous pour la Basilique Saint-Pierre à Rome ou la Sagrada Familia à Barcelone ?

Backpacking

Date et lieu

L'envie de voyager est forte, mais votre budget vous empêche de visiter les villes historiques d'Europe ? Eh bien, organisez un road tour en sac à dos, en séjournant dans des auberges de jeunesse pour rencontrer des aventuriers du monde entier. Les billets combinés train (Interrail) et bus sont une excellente solution pour se déplacer à moindre coût.

À la découverte d'un autre continent

Date et lieu

Avez-vous jamais entendu parler du... mal d'Afrique ? Organisez un safari en couple parmi les gazelles, les zèbres et les lions. Admirez un coucher de soleil de rêve et laissez-vous conquérir par le voyage romantique le plus magique et aventureux qui soit. Au moins...

Dans le Grand Nord

Date et lieu

Vous voulez partir à la chasse aux aurores boréales inoubliables ? Si oui, ajoutez l'Islande, l'Alaska, le nord du Canada, la Russie, la Finlande, la Suède ou la Norvège à votre liste de voyages incontournables.

Si vous êtes dans la région, n'oubliez pas de faire une promenade en traîneau avec de sympathiques huskies.

Pause spa relaxante

Date et lieu

Après une aventure pleine d'adrénaline, rien de mieux que de se détendre avec votre partenaire lors d'une pause spa avec des massages, une nuitée et de nombreuses piscines glacées ou bouillantes, bien sûr. Ah, ne vous sentez-vous pas déjà rajeuni ?

Sur la route avec votre douce moitié

Date et lieu

Je m'adresse maintenant à tous les téléspectateurs qui n'aiment pas se lever du canapé (sauf si strictement nécessaire). Il est temps de dire adieu à votre paresse pathologique et d'entraîner votre partenaire sur un chemin. Quel genre de marche – demandez-vous ? Un de ceux qui mettent le corps et l'esprit à l'épreuve : le Chemin de Saint-Jacques, la Via Francigena ou le Chemin de Saint-Olav en Norvège ou celui des temples au Japon. Tout, pourvu que vous fassiez un peu de moto à deux...

Camping

Date et lieu

Installez une tente avec l'amour de votre vie parmi des collines verdoyantes et des lacs aux eaux cristallines. Le camping est une expérience intimiste et révolutionnaire, qui offre aux yeux un ciel étoilé et des panoramas inoubliables. Les aires de camping équipées de petites cabanes en bois super romantiques et confortables ne manquent pas. Vous pourriez être les prochains protagonistes d'Into the Wild (mais avec une fin heureuse).

Escape game entre amis

Date et lieu

Bah, ne me dis pas que tu as peur ? Passez quelques heures à jouer le rôle d'un Sherlock Holmes qualifié dans un escape game de votre ville. Serez-vous capable de sortir à temps, ou serez-vous trop occupé à trouver un interrupteur secret en compagnie de votre dulcinée ? Trois, deux, un... Que l'évasion commence !

Devenir fauconnier le temps d'une journée (demi-journée : €€)

Date et lieu

Saisissez au vol l'occasion de découvrir le monde magique des rapaces les plus fascinants du monde. Vous apprendrez les meilleures techniques d'entraînement avec l'aide de personnel qualifié et vous pourrez vous tester de première main. Ne vous inquiétez pas, ni vous ni votre proche ne perdrez un doigt !

Tír à l'arc double

Date et lieu

Hé, visez bien ! Le tir à l'arc est une activité engageante et extrêmement fascinante. Réservez une leçon dans un centre sportif de votre région et impliquez-vous. Aurez-vous une meilleure visée que Cupidon ?

Segway en ville

Date et lieu

Gardez votre équilibre sur un segway et découvrez les curiosités d'une ville d'un... point de vue motorisé !

Château gonflable dans le jardin

Date et lieu

Le secret d'un couple qui (n') explose (pas) ? La capacité de redevenir un enfant en compagnie de l'autre, de manière à renouer avec la relation de manière spontanée et un peu naïve. Pour incarner les rois et les reines, louez un château gonflable de taille mégagalactique et placez-le dans le jardin (ou peut-être dans le salon de la maison). Vos baisers et caresses passionnées auront une touche supplémentaire de complicité.

Une soirée inoubliable

Date et lieu

Ça s'appelle une tournée des bars et ça consiste à déambuler dans les pubs de sa ville pour descendre un shot de vodka par ci et un verre de vin rouge par là. Chacun de vous choisit un bar qui attire son attention. Après avoir commandé et consommé, vous reprenez la route à la recherche de la prochaine étape !

Un nouveau groupe musical

Date et lieu

Armez-vous de (beaucoup) d'imagination et composez une chanson en compagnie de votre chéri(e). Pourquoi est-ce que je considère cela comme un défi d'adrénaline ? Eh bien, parce que les fausses notes de votre partenaire peuvent tester votre patience. Sans oublier ce solo de guitare électrique qui ruine le refrain dans ce qu'il a de plus beau...

Looks parfaitement assortis

Date et lieu

Parmi les propositions téméraires devant lesquelles on ne peut pas se retenir figure l'habitude (malsaine) de s'habiller en matching style avec son partenaire : mêmes couleurs, même style, mêmes accessoires. Quittez la maison et criez votre amour au monde. Attention toutefois à ne pas en abuser : la frontière entre originalité et (trop) douceur est plus fine qu'on ne le pense...

007 amoureux

Date et lieu

Surprenez votre chéri(e) devant son lieu de travail ou au retour d'un voyage en solo. Pour éviter d'être reconnu et augmenter le mystère (et l'effet de surprise qui en résulte), portez un trench et des lunettes de soleil façon James Bond...

Bataille d'oreillers

Date et lieu

Je n'ai rien à dire d'autre, n'est-ce pas ? Il n'y a pas de règles. Tous les coups, même les plus injustes, sont permis. Bon amusement !

Passer la nuit dans un château (hanté ou non)

Date et lieu

Après un somptueux dîner, retirez-vous dans votre chambre dans le plus pur style Gatsby le Magnifique ! Les meilleurs looks de votre garde-robe rendront tout encore plus somptueux et spécial...

Couple laser tag

Date et lieu

Jouez le rôle d'un stratège militaire et amusez-vous dans une séance de laser tag extrême. Après avoir simulé une bataille à mort, faites l'amour sous les draps !

Printed in France by Amazon
Brétigny-sur-Orge, FR

15430117R00074